Série de livres illustrés classiques
sur les groupes ethniques du Yunnan

À la recherche de l'éléphant aux défenses d'or

Sunshine Orange Studio

Traduit par Agnès Belotel-Grenié

Books Beyond Boundaries

ROYAL COLLINS

À la recherche de l'éléphant aux défenses d'or

Sunshine Orange Studio
Traduit par Agnès Belotel-Grenié

Première édition française 2023
Par le groupe Royal Collins Publishing Group Inc.
BKM Royalcollins Publishers Private Limited
www.royalcollins.com

Groupe Publication Royal Collins Inc.
BKM Royalcollins Publishers Private Limited

Siège social : 550-555 boul. René-Lévesque O Montréal (Québec) H2Z1B1 Canada
Bureau indien : 805 Hemkunt House, 8th Floor, Rajendra Place, New Delhi 110 008

ISBN : 978-1-4878-1194-5

Il était une fois un endroit appelé Mengbolan, gouverné par le roi Supuman, un homme stupide et avide. Un couple ordinaire vivait près d'une rivière à Mengbolan avec deux adorables enfants. Le fils, Sunada, était intelligent et courageux, et sa sœur, Jianhong, avait onze ans de moins. La famille vivait une vie heureuse, pleine de rires.

Cependant, alors que Jianhong apprenait à marcher, leurs parents décédèrent tragiquement. Sunada assuma la charge de s'occuper de la maison. La vie autrefois si heureuse devint difficile.

Un jour, Jianhong attendait comme d'habitude son frère à la maison. Il se faisait de plus en plus tard, et le soleil se couchait. Finalement, Sunada apparut sur le chemin. Jianhong descendit vers son frère en courant de leur maison de bambou, en lui faisant des signes !

Sunada était heureux de voir sa sœur. Il lui donna de la nourriture délicieuse enveloppée dans des feuilles de bambou et lui dit : « Mange pendant que c'est chaud. » Quand elle ouvrit les feuilles de bambou et vit que c'était du poisson grillé, elle se mit à pleurer. Quand sa mère était encore en vie, elle faisait souvent cuire du poisson dans les feuilles de bambou, et quand Jianhong vit le poisson, elle pensa à sa mère qui lui manquait.

Pour rendre sa sœur heureuse, Sunada lui raconta une histoire. « Il était une fois un beau lac, où fleurissaient de magnifiques lotus dorés à mille pétales. Il y avait une forêt près du lac, où un coq d'or chantait. Lorsque le coq d'or déployait ses éblouissantes ailes d'or et commençait à chanter de belles chansons au soleil, les lotus d'or du lac s'épanouissaient dans une brillante lumière dorée ! »

Prise par l'excitation de l'histoire, la petite Jianhong cessa de pleurer.

Lorsque Sunada parla à sa sœur d'un éléphant spécial doté d'une paire de défenses en or étincelantes, Gadupi, un méchant bien connu, l'entendit. Celui-ci commença joyeusement à élaborer un plan diabolique.

Le lendemain, Gadupi alla voir le roi Supuman et lui dit : « Votre Majesté, il y a un frère et une sœur qui vivent au bord de la rivière, à l'est de votre pays. Ils peuvent parler aux animaux, en particulier Sunada, le frère aîné. Il peut invoquer un éléphant aux défenses d'or pour les transporter au bord du lac, afin qu'ils puissent écouter le chant du coq d'or et regarder un lotus à mille pétales scintillant dans une lumière dorée ! » En entendant cela, le roi fut stupéfait, et se lécha avidement le pourtour des lèvres.

Réalisant qu'il avait trompé le roi, il répéta : « Votre Majesté, vous êtes le Seigneur de toutes choses. L'éléphant aux défenses d'or devrait vous appartenir, mais pas à ce pauvre garçon. »

Le roi alla voir le frère et la sœur. Bien que Sunada lui ait dit qu'il avait juste inventé l'histoire pour rendre sa sœur heureuse, le roi ne le crut pas. Le roi prit Jianhong et exigea que le frère lui apporte l'éléphant aux défenses d'or dans les sept jours, sinon il tuerait Jianhong.

Sunada était très en colère et plein de ressentiment. Il se mit à pleurer. En voyant cela, le dieu Payaying fut choqué. Rempli de sympathie pour le pauvre garçon, Payaying décida de descendre sur Terre pour l'aider.

Étourdi et le cœur lourd, Sunada s'enfonça dans la forêt profonde, oubliant complètement toutes les bêtes féroces qui y vivaient. Il ne s'inquiétait que pour sa sœur au palais. Soudain, il entendit un bruit de battement d'ailes. Sunada vit un petit paon blessé. Pris de pitié pour l'oiseau, il aida le petit paon.

Ce soir-là, Sunada prit le petit paon dans ses bras et le mit dans un trou d'arbre pour le laisser se reposer. Après s'être endormi, Sunada fit un rêve dans lequel il voyait le dieu Payaying, avec des nuages porte-bonheur sous ses pieds, voler vers lui. « Mon enfant, tu as un cœur d'or. Tu auras ce que tu veux ! » Disant ces mots, Payaying laissa une épée ornée de bijoux et une paire de chaussures volantes. Il dit à Sunada de voler vers l'est, vers le soleil levant.

Le lendemain matin, quand Sunada se réveilla de son rêve, il vit l'épée ornée de bijoux et les chaussures volantes à côté de lui. Le paon avait disparu. Se remémorant soigneusement son rêve, il comprit soudain que le petit paon était l'incarnation de Payaying. Il prit l'épée avec confiance, et mit les chaussures volantes. Il s'envola vers le soleil levant.

Sunada arriva bientôt à la Grande Forêt de Yimaban. Il alla alors trouver Palaxi, la personne la plus intelligente de la forêt. Après avoir écouté l'histoire de Sunada, Palaxi lui parla du roi Dongpadong et de son éléphant aux défenses d'or. Mais comme le roi était emprisonné par des démons, Palaxi élabora un plan pour sauver le roi.

Le lendemain, Sunada fit ses adieux à Palaxi et partit, l'épée ornée de bijoux
sur le dos et les chaussures volantes aux pieds. Il survola des forêts denses
et de hautes montagnes. Finalement, il arriva au Royaume de Dongpadong

Soudain, alors que Sunada allait s'adosser à un grand arbre pour se reposer, quatre tigres féroces surgirent des buissons et l'attaquèrent. Sunada sortit l'épée ornée de bijoux et la lança sur les tigres. L'épée se transforma soudain en une grande cage de feu, capturant les tigres. Les tigres coururent dans la cage de feu, se brûlant la peau et se déchirant la chair ! Finalement, les tigres furent forcés de reprendre leur forme initiale, et Sunada comprit que c'étaient les quatre démons qui avaient emprisonné le roi Dongpadong. Pleurant de douleur, ils implorèrent sa pitié.

Sunada dégaina son épée et coupa des cannes et des rotins pour attacher les quatre démons. Les démons emmenèrent docilement Sunada au palais où le roi Dongpadong était emprisonné.

Lorsque le roi vit l'apparence majestueuse et extraordinaire de Sunada, il fut très heureux et laissa sa fille, la princesse Natani, l'épouser.

Le jour de leur mariage, la princesse Natani brandit au-dessus de sa tête le gage de leur amour éternel, un lotus d'or aux mille pétales et le lança à Sunada. Sunada attrapa avec joie la belle fleur et fut soulevé par les gens venus bénir les jeunes mariés.

Le jour suivant, Sunada et la princesse Natani élaborèrent soigneusement un plan détaillé pour sauver sa sœur.

Sunada et Natani se rendirent directement à Mengbolan, menant leurs troupes à travers les montagnes et les forêts. Lorsque les troupes traversèrent la Grande Forêt de Yimaban, Sunada et Natani firent leurs adieux à Palaxi et le remercièrent sincèrement pour le bonheur qu'il leur avait donné. Puis ils continuèrent vers Mengbolan.

Dans l'après-midi du sixième jour, Sunada et Natani avaient finalement conduit les troupes de Dongpadong à Mengbolan. Sunada décida d'affronter l'ennemi non préparé et de prendre rapidement Mengbolan. Ce soir-là, Sunada conduisit les troupes à ouvrir la porte tranquillement, et se précipita dans la ville. Supuman fut vaincu et contraint d'abandonner la ville, fuyant dans les profondes forêts de la montagne.

Sunada défonça la porte de la cave et sauva sa sœur. Elle lui avait manqué jour et nuit, et enfin, ils étaient réunis. Au son des tambours à pattes d'éléphant et des gongs, Sunada et Natani acceptèrent des pots de fleurs en cadeau, et tous deux montèrent sur le magnifique trône. Depuis lors, le vaste et riche Mengbolan eut un roi et une reine aimables et bienveillants. À partir de ce moment-là, le peuple de Mengbolan vécut une vie heureuse et saine.